国家地理
阅读与写作训练丛书

商品供给

PROVIDING GOODS

[美] Stephen Thomas 著
李 湲 译

著作权合同登记　　图字：01-2005-3638

图书在版编目（CIP）数据

商品供给／（美）托马斯（Thomas, S.）著；李湲 译.—北京：北京大学出版社，2005.7
（国家地理阅读与写作训练丛书·中文翻译版）
ISBN 7-301-08546-X

Ⅰ.商… Ⅱ.①托…②李… Ⅲ.①阅读教学－中小学－教学参考资料 ②写作－中小学－教学参考资料　Ⅳ.G624.313

中国版本图书馆CIP数据核字（2005）第065309号

Copyright © (2004) National Geographic Society/Macmillan Education Australia. All rights reserved.
Copyright © (2005) (in simplified Chinese) National Geographic Society. All rights reserved.

图片来源 (Photo Credits)

Cover: © Gerhard Steiner/Corbis (inset).

© Bradmill Pty Ltd: page 9 (bottom right), 11 (top, bottom left, bottom right), 12 (bottom right), 13 (bottom left); © Corbis: page 5, 7, 9 (bottom left), 10 (top, bottom), 12 (top), 13 (middle),16 (left), 22 (top, bottom), 24 (top, bottom middle,bottom right), 25 (middle), 26, 27, 30, 31, 35 (top right, bottom left), 37 (left), 38, 39, 40, 43, 45 (bottom), 46 (top), 47, 48 (bottom middle, bottom right), 49 (right); Courtesy of BRI Australia Limited : page 34 (top), 36 (bottom right); © Courtesyof Meng Niu Corporation/内蒙古蒙牛乳业（集团）股份有限公司友情提供: page 49 (left); Courtesy of The Federation of Bakers: page 37 (middle, right); © Getty Images: page 8, 49 (middle), 52; © MEA: page 1, 85; © Panorama Stock: page 4 (left), 6, 9 (top), 12 (bottom left, bottom middle), 33, 51; Robert Chan: pages 59-61, 62-63 (photos 1-8), 64, 65-70, 71-76,77-82; © Stock Image Group: page 19, 24, 36 (top), 45 (top), 46 (bottom).

国家地理阅读与写作训练丛书（中文翻译版）由美国北极星传媒有限公司授权，并与君红阅读（北京）出版咨询有限公司共同策划。

书　　　名：	商品供给
著作责任者：	[美] Stephen Thomas 著　李湲 译
责 任 编 辑：	徐万丽　孔燕君
标 准 书 号：	ISBN 7-301-08546-X/G · 1399
出 版 发 行：	北京大学出版社
地　　　址：	北京市海淀区中关村北京大学校内　100871
网　　　址：	http://cbs.pku.edu.cn
电　　　话：	邮购部 62752015　发行部 62750672　编辑部 62765014
电 子 信 箱：	zbing@pup.pku.edu.cn
设 计 制 作：	君红阅读
印　刷　者：	北京中科印刷有限公司
经　销　者：	新华书店
	787毫米×1092毫米　16开本　5.5印张　100千字
	2005年7月第1版　2005年7月第1次印刷
定　　　价：	20.00元

未经许可，不得以任何方式复制或抄袭本书之部分或全部内容。
版权所有，翻版必究

目　录

💡 **商品供给** 4

从棉花到牛仔裤 6
从树木到纸张 18
从小麦到面包 30
从乳牛到冰激凌 42

💡 **思考关键概念** 53

读图时段
流程图 54

体裁频道
入门手册 58

劳动布工艺手册 59
纸张工艺手册 65
面点烘烤手册 71
冰激凌加工手册 77

💡 **应用关键概念** 83

研究与写作
动手写操作手册 84

分享你的作品
实践操作说明 86

索引 87

商品供给

想一想你每天用的东西，想一想你每天吃的食物，想一想你每天穿的衣服。你吃的、穿的、用的所有东西都是商品。你用到的大多数东西都是人工制造的。人们从自然界中取得物质，用它们做原料制造其他人想要购买的商品。下面讲到的牛仔裤、纸张、面包和冰激凌都是商品。

 关键概念 ……………………………………

1. 人们采集、运输并加工原料，最后生产出成品。
2. 各种商品的生产和销售要经过许多道工序。
3. 生产哪些商品取决于供求关系。

四种商品

牛仔裤

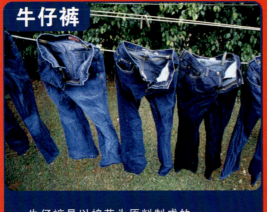

牛仔裤是以棉花为原料制成的。

纸 张

纸张是以树木为原料制造的。

在第一部分中,你将会了解到棉花是怎样被制成牛仔裤的。

面 包

面包是以小麦为原料烤制的。

冰激凌

冰激凌是以牛奶为原料制成的。

从棉花到牛仔裤

你是否拥有一条牛仔裤？很多人都有。事实上，世界各地的人都穿着牛仔裤，不论男女老少。现在的牛仔裤颜色和款式繁多，你的牛仔裤是什么样式的？

牛仔裤是怎样做成的

你穿着牛仔裤，可你知道它是怎样做成的吗？牛仔裤是用粗斜纹劳动布做的，而劳动布是用棉花纺制的。从棉花到我们穿着的牛仔裤要经过许多道工序。

很多人都喜欢穿牛仔裤。

关键概念 1 人们采集、运输并加工原料,最后生产出成品。

棉花

棉花是一种**原料**,也就是说棉花来自自然界。原材料可以用来制造人们想要的**商品**。草棉是自然界的一种植物。

夏天,人们喜欢穿棉织衣服,因为它们透气、凉爽;冬天,人们穿好几层棉织衣服以保暖、御寒。

原料
自然界出产的可以用来制造产品的物质。

商品
经人们劳动生产出来,用于出售的物品。

棉花是一种产自自然界的原料。

种植棉花

春天,农民撒下棉花种子,种子长成开花植物。花凋落后留下的棉荚叫做棉桃。一段时间后,棉桃张开,露出里面的棉纤维,这时,人们就可以采摘棉花了。

棉纤维　闭合的棉桃　张开的棉桃

棉株上的棉桃

棉花最适宜种植在温暖的地方。请看下图,图中的粉色区域显示了世界主要的棉花产地。

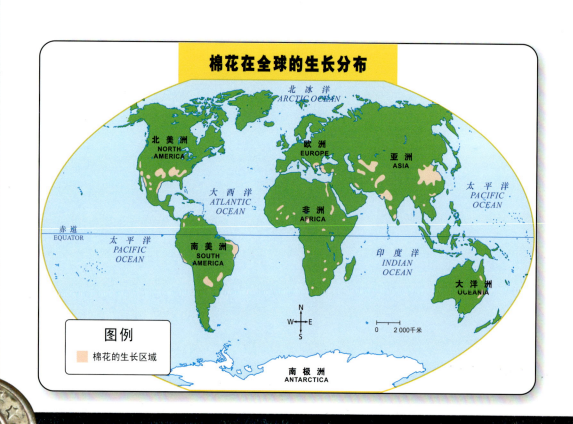

棉花在全球的生长分布

图例　棉花的生长区域

采摘棉花

大多数农民用大型机械采摘棉花。采下的棉花送入轧棉机，**轧棉机**是将棉子从棉纤维中分离出来的机器。

然后，将棉花打成大包或大捆运送到工厂（纱厂）加工。

轧棉机
将棉子从棉纤维中分离出来的机械。

大型机械用来采摘棉花。

轧棉机将棉子从棉纤维中分离出来

大包的棉花

工厂加工

在纱厂里,机器将掺杂在棉纤维里的叶子、细枝和灰尘分离出来,干净的棉花很柔软。

然后,机器把棉纤维捻成一股绳,并绕在滚轴上,这些滚轴将棉绳牵拉得很细。

最后,棉花被纺成棉线,这些棉线就可以用来织布了。

在纱厂中机器上捻成股的棉绳。

这些机器在纺纱。

从棉线到劳动布

棉线在织成劳动布前要先染色。劳动布通常都是蓝色的,但也有的棉线被染成黑色或其他颜色。棉线要反复染色,有时多达8次才能染成合适的颜色。

然后,纺织机将棉线织成劳动布。无数棉线紧密地编织在一起,使劳动布厚重而结实。织成的劳动布随后被送到制衣厂加工成牛仔裤。

染色后的棉线

劳动布厂的纺织机

一个工人正在操作纺织机。

从劳动布到牛仔裤

在制衣厂，人们用特殊的裁剪机将劳动布剪裁成块。裁好的布料被送到制衣车间。在那里，工人们用缝纫机缝制牛仔裤。

牛仔裤都很结实、耐穿。工人们用粗线缝制牛仔裤以保证不会开线。

在工厂里，一名女工在缝制牛仔裤。

牛仔裤的生产和销售

1. 种植棉花

棉株成熟、棉桃张开时，就可以准备采摘了。

2. 采摘棉花

收割机将棉花采摘下来后，用轧棉机将棉子从棉纤维中分离出来。

3. 工厂加工

将清理后的棉纤维捻成绳，然后拉细纺制成线。

> 关键概念 2　各种商品的生产和销售要经过许多道工序。

将商品送到消费者手里

牛仔裤这样的商品要进入到消费领域需经过两个主要阶段。第一个是**生产**阶段，在前面你已经读过关于牛仔裤生产过程的介绍。在生产阶段，棉花要经过许多道工序，最后才能制成牛仔裤。

第二个是**销售**阶段，就是将牛仔裤送到商店以供出售。

生产

将原材料制成产品的过程。

销售

将产品运送到商店卖出去的过程。

4. 从棉线到劳动布

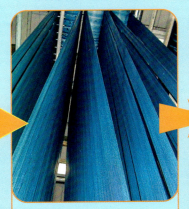

棉线在织成劳动布前要先染色。

5. 从劳动布到牛仔裤

在制衣厂，劳动布被剪裁后缝制成牛仔裤。

6. 销售

牛仔裤被送到商店销售。

分销牛仔裤

成箱的牛仔裤从工厂运往分销中心。分销中心是牛仔裤在被送到商店销售前库存的地方。人们用卡车或火车将牛仔裤运到全国的分销中心，再用飞机或轮船将牛仔裤送到海外的分销中心。

商店向最近的分销中心定货，然后分销中心用卡车将所预定的牛仔裤运送到商店。

销售牛仔裤

在成衣店，牛仔裤被摆放在货架上销售。商店销售不同款式和尺码的牛仔裤，以适应不同人群的需求。

牛仔裤摆放在货架上供人们购买。

关键概念 3 生产哪些商品取决于供求关系。

供给与需求

当一家公司生产诸如牛仔裤之类的商品时，他们会考虑其**供给**与**需求**。供给是指一家公司生产的商品数量。需求是人们想要购买的商品数量，公司尽量保持供给与需求的平衡。

供给
生产厂家所能提供的商品数量。

需求
人们想要购买的商品数量。

需求受价格影响。如果价格过高，牛仔裤的销售量就会减少。需求也会受到时尚和季节的影响。

供求关系是怎样起作用的

如果供给大于需求，公司会积压大量商品无法出售。

如果需求大于供给，人们会买不到想要的商品。

公司希望确保供给与需求的平衡。

15

时尚

牛仔裤已经流行很多年了,但牛仔裤的款式和颜色却在一直不断变化着。这些合乎时尚的变化,我们称之为**流行趋势**。

> **流行趋势**
> 人们想要购买的产品的种类的变化。

生产牛仔裤的公司必须要紧随流行趋势。这样,他们才能提供人们想要的牛仔裤。

这幅照片摄于20世纪50年代。照片上是一些穿着牛仔裤的男孩。

现在的牛仔裤随着时尚不断变化着。

季节

对牛仔裤的需求也会随季节的更替而变化。在有些气候炎热的国家,人们夏天也许不想穿牛仔裤,但到了冬天,牛仔裤的需求量会上升。生产牛仔裤的公司就要储备大量货物供冬季销售。

在第二部分中,你将会了解到树木是怎样被制成纸张的。

从树木到纸张

想想你用过的各种纸张。在日常生活中,你或许会用到种类繁多的纸。你在纸上写字,你阅读纸上的文字,你用软纸吸干泼溅出来的液体,你还会用结实的厚纸袋装东西。可以说,纸张在你的生活中无处不在。

纸是从哪里来的

你也许用过很多纸,可是你知道纸是从哪里来的吗?纸是用树木制造出来的。全世界每年制造纸张所消耗的树木数量相当于美国整个加利福尼亚州那么大面积的林区。把树木加工成纸张要经过许多道工序。

种植大面积的森林以供造纸用。

关键概念 1 人们采集、运输并加工原料，最后生产出成品。

树木

树木是一种原料。原料是在自然界中发现并用来生产商品的物质。人们用硬材木和软材木两种原料来造纸。

纤维
某些材料含有的非常纤细的线状成分。

栎树（橡树）和槭树（枫树）都属于硬材木，它们共同的特点是木纤维较短。用这样的木纤维做原料造出的纸光滑，但不够结实。

冷杉和松树之类的软材木有较长的木纤维，以这样的木纤维做原料制造出来的纸结实，但较毛糙。

大多数纸张是将硬材木和软材木混合制成的。造纸工人可以调整混合物的比例，使造出的纸适应不同的要求：或结实，或柔韧，或光滑。

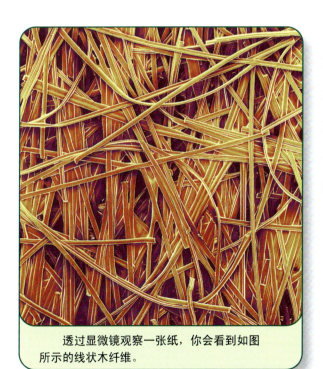

透过显微镜观察一张纸，你会看到如图所示的线状木纤维。

种植树木

用于造纸的树木生长在大森林里。这些森林大多分布在地球上比较寒冷的地区。在加拿大、欧洲北部和俄罗斯都有这样的森林，在美国也有一些。这些森林里的树木大多数是专为造纸种植的。我们称这些森林为林场。伐木工人砍伐树木后，种树工人就会在原地补种上更多的树。

这些苗木将会长成大树，用来造纸。

造纸森林在全球的分布

采运木材

采伐树木是造纸的下一步工序。伐木就是将树木砍倒。采伐下来的树木叫做原木。伐木工人用链锯采伐树木。

然后,原木被装上卡车,运到工厂加工。卡车上装载的原木要捆扎结实以确保在运输途中不会掉落。一些工厂是沿河而建的,这样,原木就可以顺流漂到工厂,而不用卡车运输了。

一位伐木工人锯倒树木。

河中,原木顺流而下漂到工厂。

工厂加工

在工厂里,原木上的树皮被去除,剩下的木料被制成糊状混合物,我们称之为纸浆。

制造纸浆有两种方式:第一种是用机器碾磨原木。用这种方式造出的纸张过一段时间会发黄,这是因为没有去除原木中的液汁。

在工厂里,这些巨大的轧辊用来碾磨造纸木浆。

另一种方式是使用化学制剂将木料分解。由于使用这种方式去除了原木中的液汁,所以,造出的纸张不会发黄。

纸浆干燥成薄片,然后,将这些薄片辊成卷送到纸厂。

一个工人站在一卷干燥的木浆旁。

从纸浆到纸

在纸厂，将纸浆片加水捣成粘稠糊状物质，我们称之为（造纸）浆料。浆料中还会加入其他物质，比如，要纸张带有颜色就加入染料，要纸张更光滑就加入白垩。

一位工人将染色的浆料铺在造纸机上。

然后，浆料被放入造纸机，机器会将浆料中的水分挤压出来，从而使纤维紧密地粘合在一起，这样，一张张纸就造好了。这些纸干燥后，将会被辊成巨大的纸卷。

纸张覆膜及切割

造纸的最后一道工序是覆膜及切割。根据其用途，纸张会被覆上不同的物质。比如，杂志用纸（铜版纸）会覆上精细黏土以使其光洁、亮丽；牛奶盒用纸会覆上塑料膜，这样纸盒就不会湿透；包装用的蜡纸上会覆上蜡，这样包在里面的食物就不会粘在纸上。

然后，机器会将覆好膜的纸张按不同用途所需要的尺寸切割好。

造纸厂的机器正在生产纸张。

纸张的生产和销售

1. 种植树木

树木种植在大型林场里。

2. 采运木材

伐木工人砍伐下树木后，这些原木被送到工厂加工。

3. 工厂加工

原木被捣碎成纸浆，然后，将纸浆干燥成薄片。

关键概念 2 各种商品的生产和销售要经过许多道工序。

将商品送到消费者手里

纸张这样的商品要进入到消费领域需经过两个主要阶段：第一个是生产阶段，在前面你已经读过关于造纸过程的介绍。在生产阶段，木料要经过许多工序，最后制成纸张。

第二个是销售阶段，就是将纸张送到销售它们的商店。

4. 从纸浆到纸

纸浆薄片被制成造纸浆料，机器再用浆料造纸。

5. 纸张覆膜及切割

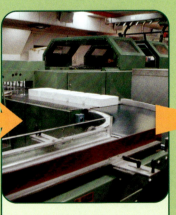

纸张在覆膜后按需求的尺寸切割。

6. 销售

分销和出售纸张。

分销纸张

纸张造好后被运往分销中心。分销中心是纸张在被送到商店出售前库存的地方。人们用卡车或火车将纸张运输到全国的分销中心，然后，再用飞机或海轮将纸张送到海外的分销中心。

运往分销中心的纸张在装船。

销售纸张

分销中心将大部分纸张出售给纸张批发商。纸张批发商大量购进纸张后，出售给文具店以及销售或使用大量纸张的公司。

大卷的成品纸被运往报纸印刷厂。

有些公司，比如报纸印刷商会直接向纸厂购买纸张，尤其是当他们需要特别的尺寸、颜色或厚度的特种纸时。

关键概念 3 生产哪些商品取决于供求关系。

供给与需求

当一家公司生产诸如纸张之类的商品时,他们会考虑其供给与需求。供给是指一家公司的造纸量,而需求是人们想要购买的纸张数量。

价格
为购买某种产品所需支付的费用。

所要购买商品的价格会影响供求关系。人们倾向于购买价格较低的公司生产的纸张。一旦价格高了,人们便会转向其他报价更低的公司。这样,需求就会减少,供给也会随之降低。

如果供大于求,公司将会积存大量卖不出去的产品。

27

流行趋势

　　流行趋势是人们对商品的思考和使用方式的改变。流行趋势会对不同种类的纸张的需求和用途产生影响，使用再生纸就是一种流行趋势。现在，很多人更愿意使用再生纸，这就产生了对再生纸的需求。造纸公司要了解人们需要哪种类型的纸，然后，满足这些需求。

创造需求

　　有些时候，造纸公司会为自己的产品创造需求。造纸公司在不断地研制纸张的新用途，他们总是在思考人们会买什么样的新产品。如果人们购买这些新产品并喜欢使用它们，那么对这种产品的需求就创造出来了。

　　纸巾（纸手帕）就是创造需求的一个范例。纸巾用过后就可以扔掉。自从纸巾出现以后，人们就不再使用手帕，而改用纸巾，这样就有了对纸巾的需求。

> 现在，许多人已不再使用手帕，而改用纸巾。

在第三部分中,你将会了解到小麦是怎样被制成面包的。

从小麦到面包

你多长时间吃一次面包？面包是人们最常食用的食品之一。在很多国家，人们每天都吃面包，面包是他们的主要食物。想一想你能买到的各式各样的面包：硬面包圈、棍子面包、皮塔面包、全麦小圆面包……在这里我们提到的仅只是其中的一小部分。你喜欢哪种面包呢？

面粉：最常用的原料

虽然面包的种类繁多，但它们都有一个共同点，即都是用面粉做的，这种面粉通常是小麦粉，小麦粉是由麦粒磨制而成的。有些面包是全麦面包；有些面包是在小麦粉中加入其他谷物，如黑麦粉等。把谷物制成面包要经过许多道工序。

面包是用谷物磨成的面粉做的。

💡 **关键概念 1** 人们采集、运输并加工原料,最后生产出成品。

小麦

小麦是一种原料。原料是在自然界中发现的材料,它经过加工可以生产出商品。小麦在自然界中以谷类植物的形态生长,谷类植物都长有子实(谷物),谷物可以加工成食品。

小麦是世界上最重要的农作物之一,它是我们的主要食物,也就是说小麦是人们必不可少的日常食品。小麦可以被加工成很多种食物,面包只是其中一种。

几千年来,人们一直用小麦加工面包。最早的面包是扁平的,就像墨西哥人吃的玉米粉圆饼。古埃及人发现加入酵母会使面包松软、膨胀。

这些模型显示了古埃及人制作面包的过程。

种植小麦

世界上的很多国家都种植小麦，比如加拿大、中国、法国、俄罗斯和美国。小麦适宜种植在气候冷热适宜的地方，在较寒冷的国家，人们在春天播种，小麦会在夏天成熟；而在较温热的国家，人们则在秋天播种，来年的春天收割。

小麦植株细长、直立，呈亮绿色。小麦成熟后，植株变为金黄色。每棵小麦植株的茎上都长有穗，就像玉米，但要比玉米小得多，每个麦穗里都有40~60颗包着壳的麦粒，人们把麦粒磨制成面粉。

收割小麦

为降低恶劣天气对作物造成灾害的风险，农民会在小麦成熟之后就立即收割。在谷粒变硬且易碎时小麦就成熟了，这时，就可以收割了。

联合收割机
一种将谷物割下并自动把谷粒和作物的其他部分分开的大型机械。

人们用一种被称为**联合收割机**的大型机械收割小麦。联合收割机能将谷物割下，然后，自动把谷粒和作物的其他部分分开。在一些大面积的麦田里，会有2~3台联合收割机同时进行收割。

小麦植株的其他部分也有用处，麦秸被收集起来用作家畜的饲料或铺在圈舍里。

一台正在麦地里运作的联合收割机

工厂加工

人们用卡车将小麦运到面粉厂。在面粉厂，人们首先清理谷粒，以去除灰尘和麦秸。然后，加入少量水以使麦粒的外层有韧性并使内层软化，这样有助于在下一步工序中，将麦粒的内外层分开。

麦粒通过第一组轧辊。

然后，麦粒将会通过一系列的轧辊和筛粉机加工处理。轧辊用来碾碎麦粒。麦粒中软化了的内层被磨成精细面粉；韧性的外层（麦粒的外壳）被粉碎成较大的颗粒，我们称之为麦麸。筛粉机将麦麸从面粉中分离以便生产出精白面粉，麦麸则用来生产全麦面粉。

全麦面粉中有麦麸片。

从面粉到面包

主要有两种方法将面粉做成面包：一是传统烘烤面包法；二是连续烘烤面包法。这两种方法都以面粉、水（或牛奶）、盐和酵母做原料，也可以添加其他配料，如不同种类的面粉。

传统烘烤面包法

大多数的面包房采用传统烘烤法。其操作过程是，先把所有的原料混合揉成生面团，再把生面团放置在29℃的温度中发酵。发酵是指利用酵母产生的一种气体使面团松软、膨胀的过程。

面包师正在准备制作面包的原料。

接着，面团被切割、成型，再次放置发酵。最后，面团被放入烤炉，在230℃的温度下烤制成面包。

一位面包师将新烤制好的面包拿出烤炉。

连续烘烤法

大型面包制造厂商选用连续烘烤法。这种方法使用特殊的机器使生面团的准备时间要比传统烘烤法缩短许多。

除面粉以外的其他原料都放入一个槽柜内发酵。然后，用泵将发酵好的混合物抽入搅拌机并加入面粉。搅拌机将所有原料搅拌成面团。随后，面团被分割成型，烤制成长方形大面包。面包冷却后，被切片包装。

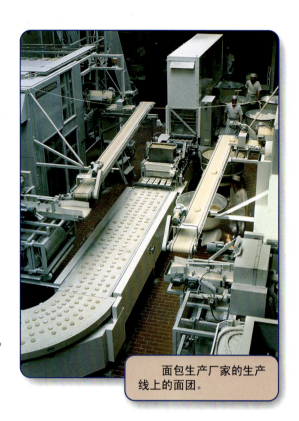

面包生产厂家的生产线上的面团。

面包的生产和销售

1. 种植小麦

麦地里生长的小麦。

2. 收割小麦

人们用联合收割机收获小麦，然后将它们运到工厂进行加工。

3. 工厂加工

麦粒通过一系列的轧辊和筛粉机处理，最后制成面粉。

关键概念 2 各种商品的生产和销售要经过许多道工序。

将商品送到消费者手里

面包这样的商品要进入到消费领域需经过两个主要阶段:第一个是生产阶段。在前面你已经读过关于面包生产的介绍,在生产阶段,小麦要经过许多道工序,最后制成面包。

第二个是销售阶段。就是将面包送到销售它们的商店。

4. 从面粉到面包

面粉与其他原料混合搅拌成面团。

5. 包装面包

面团烘烤制成面包后,经冷却、切片,最后包装好。

6. 销售

面包被分送到销售点。

分销面包

为了让客户尽快得到新鲜的面包,面包烤制好后要马上分销出去。很多小型面包房是边制作,边销售;而大型面包制造厂家则要将生产出的面包运到商店和超市出售。一些面包公司在全国各地有很多分厂,这样,厂家就能用卡车把新鲜面包运送到当地的商店。对于一些较远的商店,公司会派冷藏车运送。

出售面包

商店和超市从面包厂家购进面包,然后加价出售。购买价格和出售价格之间的差价就是我们所说的利润。

商店里品种繁多的面包

有些需要大量购买面包的地方,如医院、学校和餐厅等,可以以较低的价格直接向面包厂家购买。

关键概念 3 生产哪些商品取决于供求关系。

供给与需求

当一家公司生产面包时，他们会考虑其供给与需求。需求是人们想要购买的面包数量以及他们愿意支付的价格。供给是指一家公司为了满足需求而生产的面包数量。

亏损
企业在一定时期内发生的成本费用超过收入的差额。

一家面包公司要确保其生产面包的成本低于面包的出售价格，只有这样，公司才能赢利。如果公司供应面包的成本高于其出售价格，公司就会亏损。流行趋势和竞争等因素也会影响到面包的供求关系。

当需求大于供给时，人们就可能买不到他们需要的商品。

流行趋势

流行趋势是人们对商品的思考和使用方式的改变。和大多数产品一样，随着人们口味的改变，面包也有不同的流行趋势。现在，美国人很喜欢吃皮塔面包；可是30年前，很多美国人可能根本就没听说过这种东西。如今，人们已经更多地意识到饮食中的纤维的重要性。从前，除了白面包和黑面包，几乎没有其他品种。现在，已经有各种各样含高纤维的面包供人们选择。

面包生产厂商要了解面包的流行趋势。跟上这些流行趋势，就能满足人们的需求。

竞争

竞争也会影响面包的供求关系。在不止一家公司生产和供应面包的情况下，竞争就会产生。几家公司为了销售产品而互相竞争。在有别家公司竞争的形势下，对一家公司产品的需求量就会减少。这家公司就要想办法吸引人们购买自己的产品。他们可以使自己生产的面包更便宜或口味更好；或研制新品种面包，以合适的价格提供顾客想要的东西，这家公司就仍能赢利。

竞争
生产类似商品的公司为自己的产品争夺消费者。

赢利
一家公司销售产品的收入超出其生产成本的利润。

吃这种纽结状椒盐面包就是一种流行趋势。

在第四部分中,你将会了解到牛奶是怎样被制成冰激凌的。

从乳牛到冰激凌

你爱吃冰激凌吗？很多人都爱吃。冰激凌是世界各国的人们都爱吃的一种冷冻食品，其中，尤以美国人为最。一般美国人每人每年大约要吃掉15升的冰激凌，相当于至少60个冰激凌甜筒。

美味的冰激凌

17世纪时，人们就开始吃冰激凌了。几百年来，人们一直视吃冰激凌为享受。那时，冰激凌还只是贵族富人享用的奢侈品。在没有制冷设备的情况下，冰激凌的冷藏很困难。现在，冰激凌是批量生产的，人们随时都可以在街边的小铺、商店以及餐厅中买到。冰激凌也可以保存在家里的冰箱里。

现在有很多种风味的冰激凌可满足人们不同口味的需求。然而，所有冰激凌的制作都要用到同一种原料——牛奶。把牛奶制作成冰激凌要经过很多道工序。

关键概念 1 人们采集、运输并加工原料,最后生产出成品。

牛奶

牛奶是生产冰激凌的原料。和其他哺乳动物一样,乳牛产奶是为喂养小牛。乳牛场的乳牛在生产后每天都会被挤奶,这样,它们就能一直产奶。挤出的牛奶被加工成供人们食用的乳制品。

早在6 000年前,人们就懂得饮用牛奶。古巴比伦、古希腊和古印度的人们为获得牛奶而饲养乳牛。那时候,很多家庭都养有一头乳牛,每天用手挤奶以供饮用。

现在,大部分牛奶被运到工厂加工。其中大部分加工成乳制品,如冰激凌。

这幅古埃及岩画显示了当时的人们在给一头乳牛挤奶。

饲养乳牛

世界上很多国家都饲养乳牛。美国是世界上最大的牛奶产出国，每年出产约840亿升牛奶。澳大利亚、新西兰和欧洲的一些地区也是主要的牛奶产出地。

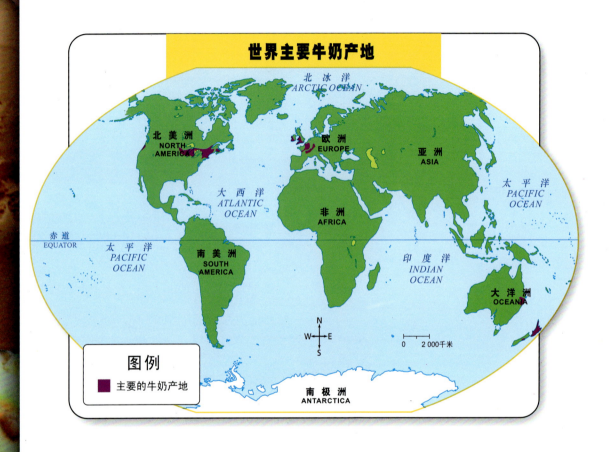

乳牛以草为食，然后产出牛奶。乳牛有四个胃，乳牛吃的草要经过这四个胃才能完全消化。

草中的养分随着乳牛体内的血液循环被送到乳牛的各个器官。其中一些养分送到乳牛的乳腺，乳腺能分泌乳汁并具有存储作用。

给乳牛挤奶

虽然有些国家现在仍采用人工挤奶，但大部分乳牛场都用上了挤奶机。机器挤奶要比人工挤奶快得多。

在上挤奶机前，乳牛场的工人会先彻底清洗乳牛的乳腺和乳头；然后，将挤奶机的吸杯吸附在乳头上，挤奶机从乳腺汲取乳汁，整个过程只需要约5分钟。

吸附在乳牛乳腺上的吸杯。

大罐车每天去各个乳牛场收集牛奶，大罐车的罐箱是隔热的，里面的牛奶能保持低温贮藏。用于制作冰激凌的牛奶会被直接运到冰激凌厂。

牛奶正从大罐车上卸载出来。

工厂加工

牛奶在工厂里被制成冰激凌。首先，牛奶被冷冻，然后加入糖。人们要确保乳制品的食用安全，采用巴(斯德)氏消毒法对牛奶进行消毒。**巴氏消毒法**是由法国化学家路易·巴斯德发明的，这种消毒法通过下述步骤能够杀灭牛奶中的细菌：首先，牛奶被加温至72°C，然后，迅速降温至4°C或更低。

路易·巴斯德于19世纪60年代发明巴氏消毒法。

巴氏消毒法

一种消灭牛奶中细菌的方法。

用巴氏消毒法消毒后，加了糖的牛奶要进行**均质**。均质是将牛奶中的油脂粒打碎并使其均匀分布的工序。均质后的牛奶不会结成奶油块，牛奶的质地变得细滑。

工厂中进行巴氏消毒使用的大桶。

均质

使牛奶中的油脂粒均匀分布的过程。

从牛奶到冰激凌

均质后,加了糖的牛奶就能制冰激凌了。牛奶被抽入冷却装置,降温至2℃。然后,放置在储藏罐中"陈化"至少4小时,未经陈化的牛奶不能充分凝结。最后,再加入调味料和食用色素。

加入各种配料的牛奶在-30℃的温度下冷冻。同时,金属桨叶一直不停地搅拌,将空气搅入混合物中使其质地松软。

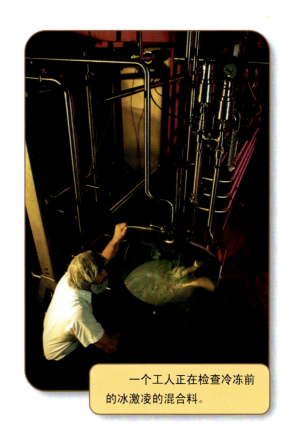

一个工人正在检查冷冻前的冰激凌的混合料。

不同风味的冰激凌有着不同的色泽。

冰激凌的包装和固化

在包装和固化前，冰激凌还是相当松软的。这时，还可以加入其他配料，如水果、坚果、糖果或曲奇饼。然后，冰激凌就被分装入盒并固化。

冰激凌被放置在冷冻室中12小时或更长时间进行固化。冷冻室的温度保持在-23℃ ~ -29℃。这道冷冻工序使冰激凌凝固。

冰激凌的生产和销售

1. 从草到牛奶

草在牛的四个胃中消化。草里的养分在乳牛的乳腺中转化成牛奶。

2. 给乳牛挤奶

人们通常用挤奶机给乳牛挤奶。

3. 运输牛奶

人们用罐车将牛奶运到冰激凌厂。

关键概念 2 各种商品的生产和销售要经过许多道工序。

将商品运送到消费者手里

冰激凌要进入消费领域需经过两个主要阶段：第一个是生产阶段。在前面你已经读过关于冰激凌的生产过程的介绍，在生产阶段，原料牛奶要经过许多道工序，最后，才能制成冰激凌。

第二个是销售阶段，就是将冰激凌运送到销售的地方。

4. 工厂加工

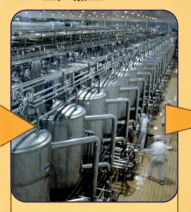

在冰激凌厂，牛奶经冷却后，冷冻成冰激凌。

5. 从牛奶到冰激凌

冰激凌被分装入盒，并撒上坚果和巧克力。

6. 销售

冰激凌被运送到出售的商店。

分销冰激凌

小规模的冰激凌生产厂商只在当地销售他们的产品,大公司则要将产品分销到全国各地。他们用有冷藏设备的卡车或火车运输冰激凌,这样,在运输途中冰激凌就不会化掉。有些大公司还将自己的产品分销到海外,这样,冰激凌就会被装在有冷藏设备的集装箱中。在到达目的国的港口后,再将冰激凌装上卡车运到销售的地方。

出售冰激凌

小包装的冰激凌被分销到超市和商店供人们选购。冰激凌店和餐馆则会购买大包装的冰激凌,然后,以冰激凌球或奶昔及餐后甜点的形式出售。

以上提到的超市、商店、冰激凌店和餐馆都是从冰激凌生产厂商大量购进冰激凌,然后加价出售的。他们通过这种方式赚钱,他们所赚到的钱叫做利润。

在冰激凌店购买冰激凌。

关键概念 3 生产哪些商品取决于供求关系。

供给与需求

当一家公司生产冰激凌时,他们会考虑其供给与需求。需求是人们想要购买的冰激凌数量以及他们愿意承担的价格。供给是指一家公司为满足需求而生产的冰激凌数量。公司会尽量保持供给与需求的平衡,这样,才能将所生产的冰激凌全部卖掉。

公司也会尽量确保自己生产和销售冰激凌的成本低于其出售冰激凌的所得。这样,公司才能赢利。如果公司生产冰激凌的成本高于销售所得,公司就会亏损。很多其他因素也会影响到冰激凌的供求关系。

公司希望确保供给与需求的平衡。

流行趋势

流行趋势是人们对商品的思考和使用方式的改变。和大多数产品一样，随着人们口味的改变，冰激凌也有不同的流行趋势。比如现在，人们更加关注自己的健康，低脂冰激凌深受欢迎。在这种流行趋势影响下，市场上已经有多种低脂冰激凌供人们选择。

竞争

竞争在供给与需求的关系中起到很重要的作用。在不止一家公司生产和供应冰激凌的情况下，竞争就会产生。在有别家公司竞争的形势下，对某家公司产品的需求量就会减少。这家公司就要想办法吸引人们购买自己的产品。他们可以使自己的产品比别的品牌更便宜，也可以使产品的口味更好，或者研制新品种冰激凌专门针对特定的消费群体。比如针对有特定饮食喜好的人们，这叫做寻找特定目标市场。

创造需求

有些时候，冰激凌生产厂商会为了销售自己的产品而创造需求。比如公司推出了一种新口味冰激凌，如果人们品尝到并且喜爱，那么对这种冰激凌的需求就创造出来了。冰激凌生产厂商想要创造需求就要善于预期哪些新口味受欢迎的程度高。

在炎热的日子里，冰激凌对人们有很大的诱惑。

思考 关键概念

回顾一下你所读到的内容,以及你看到的图片和地图。运用它们回答以下问题,然后与同伴们分享你的看法。

1. 原料是怎样制成商品的?说出每道工序。

2. 商品是怎样进入消费领域的?

3. 供给与需求的关系对商品的生产有什么影响?

4. 商品的供给方(生产厂商)在生产某种商品时要考虑哪些具体因素?

流程图

图表用图片和文字解释某些概念

你不用读很多文字就能学到这些新概念。

图表有许多种

流程图通过图片和文字依次展示生产或销售过程中的每一道工序。比如说，第56页上关于纸浆在工厂中的生产过程图表是一幅流程图。把书翻回到第24页和第25页，这两页上的图表就是一幅关于纸浆生产和销售的流程图。

怎样阅读流程图

1. **阅读标题**

    标题告诉你这幅流程图是说什么的。

2. **阅读图片的说明文字**

    这些说明文字为你讲解这个流程的每一部分。

3. **阅读图片**

    图片直观地显示了生产过程中的每个阶段。箭头也是图片的一部分，它们告诉你每个阶段工作的次序。

4. **想一想你学过的**

    想想你能从流程图中学到哪些新知识。

商品是怎样销售的

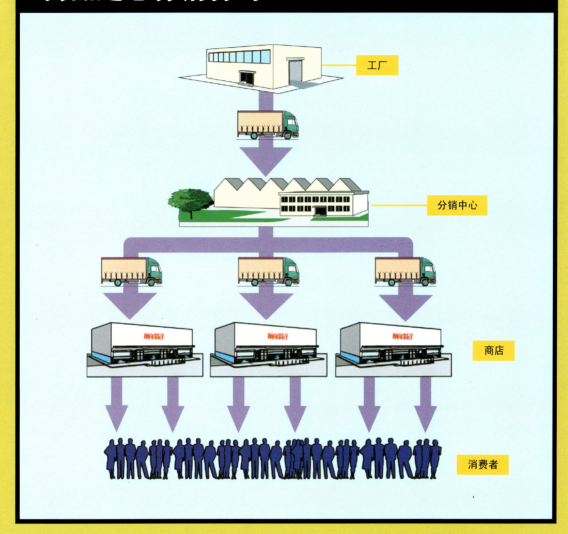

跟随箭头走（A）

参照第54页上的步骤阅读上面的流程图，记下所有你对商品销售过程的发现，然后将这个过程讲给一位同学听，看他是否像你一样理解了这个过程。

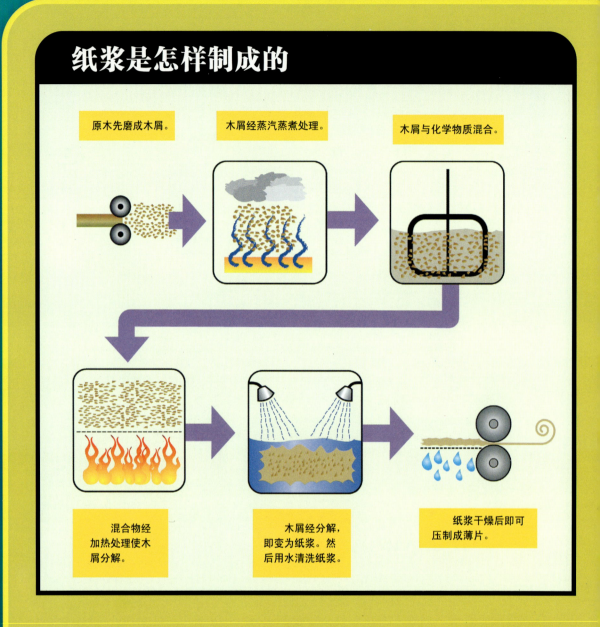

跟随箭头走（B）

参照第54页上的步骤阅读上面的流程图。记下所有你对纸浆制作过程的发现。然后将这个过程讲给一位同学听，看他是否像你一样理解了这个过程。

面粉是怎样制成的

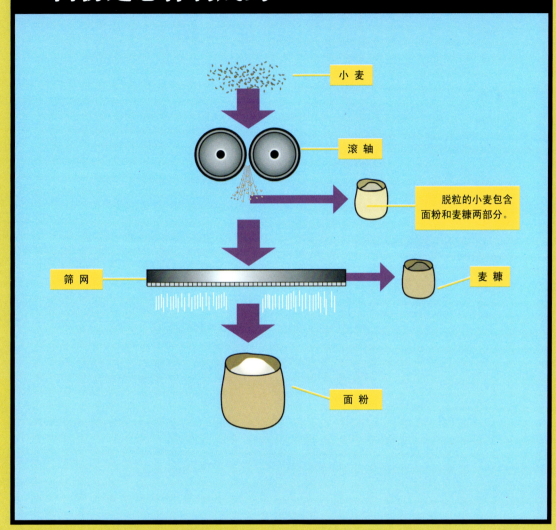

跟随箭头走（C）

参照第54页上的步骤阅读上面的流程图，记下所有你对面粉制作过程的发现，然后将这个过程讲给一位同学听，看他是否像你一样理解了这个过程。

入门手册

入门手册是用来为你提供初步学会某种技能的指导书。入门手册有很多种形式。

不同的入门手册指导你做不同的事情。如果你想学做冰激凌,就找一本烹饪书。烹饪书中有介绍食物制作方法的操作说明。

使用入门手册时,你要先找到书中关于你要做的那部分,然后,再根据说明按步骤做。

劳动布工艺手册

下面实例向你解释一些操作说明。操作说明告诉你怎样制作某些东西或怎么做某些事情。下面这些操作说明来自一本介绍如何使用劳动布的工艺手册。

熨烫粘附一个贴片在劳动布上

标题告诉你要做什么。

一个小贴片就能让旧劳动布亮色不少。请参照以下步骤，了解怎样在劳动布上熨烫粘附一个贴片。

引言大致介绍要学的工艺或要做的工作。

你需要准备下列物品
- 牛仔裤或其他劳动布
- 熨烫粘附布料
- 不会退色的记号笔
- 剪刀
- 熨斗

你要用到的物品清单。

做什么

图片会帮助你理解操作说明。

操作说明会告诉你每一步该怎么做。

1. 用记号笔在你想粘附的布料的正面画上图案。

2. 用剪刀把你的图案剪下来。

3. 让家长来帮助你。将熨斗调到高温，把你的绘有图案的布料熨到劳动布上。

劳动布退色实验

你注意到吗？牛仔裤在每次洗过后都会浅一些，这是因为染料每次都会被洗掉一些，你可以测试一下劳动布的退色程度，请参照以下步骤。

你需要准备下列物品

- 一块新的深色劳动布
- 剪刀
- 水盆
- 热水
- 洗涤剂

做什么

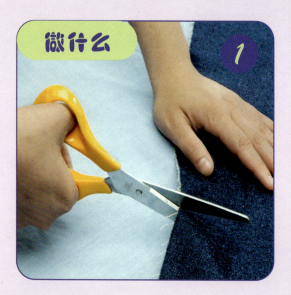

1. 把劳动布剪成两块。

4. 第二天，把布块从肥皂水中取出、拧干。然后，漂洗干净，并挂在室内晾干。

2. 在水盆中倒入热水并加入洗涤剂。

3. 将一块劳动布放入搅拌好的肥皂水中,泡一整夜。

5. 将洗过的布块和没洗过的布块放在一起,看看洗过的那块浅了多少?

6. 把洗过的布块剪成两块,用其中的一块重复上述步骤,看看它是否更浅?

用劳动布做一个大购物袋

用劳动布做的大购物袋非常实用，因为它们很结实。大购物袋可以用来装书本或食品之类的重物。请参照以下步骤用劳动布制作大购物袋。

你需要准备下列物品

- 1块38厘米×76厘米大小的劳动布
- 2条51厘米×6.3厘米大小的劳动布
- 线
- 缝纫机
- 尺子
- 熨斗

做什么

1. 将大块的劳动布较长的一边对折。一定要将布料较深的一面折向里侧。现在你的布块是38厘米×38厘米的正方形。

4. 用锯齿形针法给布块的上部开口处锁边。

7. 将两块劳动布条沿长边对折，将布料颜色较深的一面折向外侧。用锯齿形针法将布条折口边缘和两端缝合。

2. 用缝纫机沿折叠好的布块两侧开口缝线，缝线距布块边缘1.6厘米。

3. 用锯齿形针法给布块的两侧锁边，这种锯齿形针法能防止布料脱线。

5. 开口处的布折起2.5厘米的卷边，用缝纫机缝好。

6. 把布袋的里侧翻出来，在家长的帮助下将购物袋熨平。

8. 将布条的两端分别缝在布袋的里面，各距布袋两侧边线7.6厘米，重复上述步骤将另一个布条缝在布袋的另一面。

给牛仔裤染色

你是否知道自己也能把牛仔裤染成另一种颜色？你的牛仔裤可能已经退色了，或许你想把它变成另一种颜色，那么，请参照下述步骤进行吧！给牛仔裤染色会把家里弄脏弄乱，所以，你开始工作之前应先征求一下家长的意见。

你需要准备下列物品
- 牛仔裤
- 橡胶手套
- 一小盒洗衣机用染色剂
- 一些盐
- 洗衣机
- 洗衣剂

做什么

1. 先把想要染色的牛仔裤洗干净。

2. 戴上橡胶手套，注意在完成染色工作前不要摘下来。

3. 将染色剂倒入洗衣机的滚筒里。

4. 再在染色剂上倒上盐。将湿牛仔裤放入洗衣机。

5. 启动洗衣机，中温程序洗涤。

6. 中温洗涤程序结束后，在洗衣机中加入洗衣剂，再次启动洗衣机，这次使用高温洗涤程序。

7. 将你的牛仔裤晾干。

纸张工艺手册

下面的实例向你解释了一些操作说明。操作说明告诉你怎样制作某些东西或怎样做某些事情，下面这些操作说明来自一本介绍如何使用纸张的工艺手册。

给纸张上胶

标题告诉你要做什么。

上胶是在纸张上覆上一层物质，从而使纸张不太吸墨。你可以自己动手给纸张上胶，试试看是怎样做的。

引言大致介绍要学的工艺或要做的工作。

你需要准备下列物品

- 1张吸墨纸
- 工艺胶水
- 水
- 扁平漆刷
- （书写标签等用的）粗头笔

你要用到的物品**清单**。

做什么

图片会帮助你理解操作说明。

操作说明会告诉你每一步该怎么做。

1. 在胶水中加入少量水稀释。

2. 用扁平漆刷在半张吸墨纸上薄薄地刷一层胶水，晾干。

3. 等纸上的胶水干了之后，用粗头笔分别在刷胶和没刷胶的半张纸上写画，看看有什么区别。

回收利用纸张

现在，很多纸张都被回收利用，你也可以这样做。请参照以下步骤。

你需要准备下列物品

- 10张用过的纸
- 搅拌机或多功能切碎机
- 2杯热水
- 金属衣架
- 1只长筒尼龙丝袜
- 碗
- 木勺
- 纸巾
- 擀面杖
- 直尺

做什么

1. 把你准备好的纸撕成碎片放入搅拌机。然后在家长的帮助下，在搅拌机中加入水，把纸搅拌成粘稠状纸浆。你可以多加些水稀释纸浆。

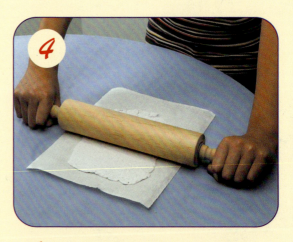

4. 把一张纸巾放在一个平展的物体表面，把纸浆从滤网中快速轻翻到纸巾上。用擀面杖把纸浆擀平。

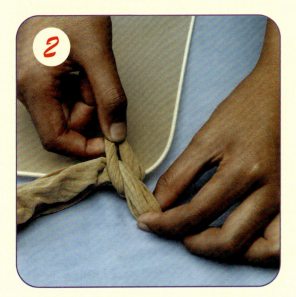

2. 把金属衣架弯折成长方形，然后把尼龙丝袜紧紧地套在这个长方形框架上，剩余部分打结扎紧。你的滤网就做好了。

3. 把滤网放在碗上，把纸浆倒在滤网上。用木勺把纸浆平铺开，在滤网上放置几分钟，将水滴干。

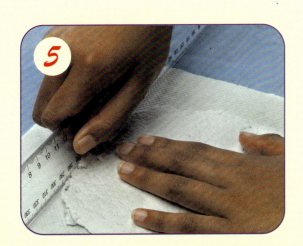

5. 用直尺把纸浆的边缘变直，把纸浆移到有阳光的地方晾晒。

6. 待纸浆干燥成纸后，小心地从纸巾上揭起来。

制作一个纸板碗

制型纸板是一种用纸张和糨糊混合制成物品的工艺。请参照下列步骤，学习用制型纸板制作纸板碗的方法。

你需要准备下列物品

- 1杯精白面粉
- 1杯温水
- 1只碗
- 报纸
- 2张白纸
- 1个气球
- 漆刷
- 丙烯涂料

做什么

1. 在桌上铺开一些报纸，在碗中加入面粉和水搅拌，直到成粘稠状糨糊。

4. 把剪成条状的报纸浸入糨糊，取出来时，用双指夹住纸条，去掉纸条上多余的糨糊。

7. 选择两种颜色的涂料分别给碗的里外面上色。

2. 吹起气球，扎紧气球口。

3. 再拿一些报纸剪成3.8厘米宽的长条。

5. 把报纸条纵横交叉地贴在气球的上半部分。用同样的方法在气球上贴上3层，最后一层用白纸贴。

6. 晾干，然后把气球放气。

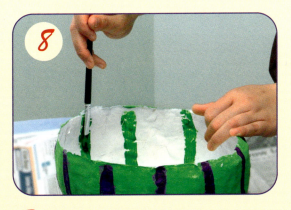

8. 晾干后，再选择一种颜色的涂料，分别在碗的里外面画上图案。

制作大理石花纹的纸张

大理石花纹的纸张上有不均匀的彩色图案,你也可以制作带有大理石花纹的纸张,这样你可以使一张白纸生色,并且带有你的个人风格。

你需要准备下列物品

- 塑料托盘
- 水
- 若干种颜色的油性颜料
- 稀料(稀释剂)
- 塑料容器若干
- 木质调色棒
- 白纸

做什么

1. 在托盘中倒入约1.3厘米深的水。

2. 把少许各色颜料分别倒入各个塑料容器中,然后都加上少量稀释剂。

3. 把每种稀释过的颜料滴3滴在水中,用调色棒将颜料缓缓搅动一下,使其扩散。

4. 把一张白纸较窄的一边先放在水面上,然后慢慢地把整张纸放低到水面上,小心不要让纸沉入水中。

5. 在整张纸接触水面后,就将纸提起来。

6. 把纸平放或悬挂晾干。

面点 烘烤手册

下面实例向你解释了一些操作说明。操作说明告诉你怎样制作某些东西或怎样做某些事情。下面的这些操作说明来自一本烘烤面点手册。

薄煎饼

← **标题**告诉你要做什么。

薄煎饼是用面粉做成的一种甜品，有各种不同的风味。下面我们讲的是原味薄煎饼的制作方法，你也可以加入半杯蓝莓或香蕉泥改换口味。

← **引言**大致介绍要学的工艺或要做的工作。

你需要准备的原料

- 1¼杯面粉
- 2½（西餐用）大餐匙发酵粉
- 3茶匙（约为大餐匙的½）糖
- 盐少许
- 1个鸡蛋
- 1杯牛奶
- 3大餐匙植物油
- 枫糖浆

← 你要用到的物品**清单**。

步骤

1. 用电动搅拌机或手动搅拌器把上面提到的前7种原料搅拌在一起。一直搅拌到面糊细滑，没有面疙瘩在里面。

← **操作说明**会告诉你每步该怎么做。

← **图片**会帮助你理解操作说明。

2. 这一步骤要请家长在旁边帮助你。用中火将平底不粘锅烧热，在锅中加入两大餐匙搅拌好的面糊。

3. 约1分钟后，当薄饼的边缘变硬且饼的上面有气泡鼓起时，将薄饼翻一面。将薄饼再烤1分钟左右，或直到薄饼的两面都烤至棕黄色。

4. 趁热，在薄饼上抹枫糖浆。

71

玉米粉圆饼

玉米粉圆饼是一种扁圆形面饼,是很多墨西哥人的主食。玉米粉圆饼加入碎肉和干酪可以煎制成墨西哥煎玉米卷。也可在玉米粉圆饼上平摊些豆子、干酪、生菜和洋葱放在盘子里直接吃,还可以做成炸玉米粉圆饼。玉米粉圆饼通常是用玉米粉制作的,也可以用小麦粉制作。

你需要准备的原料

- 3杯精白面粉
- 2茶匙发酵粉
- 2茶匙盐
- ¾杯(黄油、猪油等的)起酥油
- ¾杯热水

步骤

1. 用细筛子将面粉和发酵粉筛入一只大碗,加盐。

2. 用手将起酥油揉入面粉,直到面粉黏合成颗粒状为止。

3. 加入热水,搅拌均匀。

4. 将上述混合物揉成松软的圆形面团。你可能需要加一些干面粉,因为面团会粘手。

5. 用1块餐巾盖住面团,放置约1小时以待发酵。

6. 将面团分割成10~12块小面团。在面板上撒一些干面粉,用擀面杖将每块小面团擀成圆形薄片。

7. 请家长帮助你完成这一步骤。先用中火将平底煎锅加热,把擀好的每一片薄面饼的每面烤制1~2分钟后,就可以出锅上桌了。

白面包

白面包很容易做,而且新鲜出炉的白面包味道香美。下面的制作方法可用来制作面包卷,你可以趁热吃刚烤好的白面包,或加入自己喜欢的三明治配料。

你需要准备的原料
- ¾ 杯热水
- 少量糖
- 半大餐匙酵母
- 1½大餐匙糖
- 3大餐匙植物油
- 1茶匙盐
- 2杯面粉
- 黄油或人造黄油

步骤

1. 盛一大碗水,将准备好的酵母和糖撒入水中。放置约5分钟或到有泡沫冒起时。

2. 加入一半面粉、水、植物油、盐及剩下的糖等原料,搅拌均匀。

3. 将剩下的一半面粉慢慢倒入,边倒入,边搅拌。

4. 揉面团约 8 分钟，如果面团粘手，再加入一些面粉。

5. 把面团放在温热的地方发酵约 1 小时，面团能发起到原来的两倍大。

6. 面团发起后，用力把它打下去，然后再放置约 5 分钟。

7. 把面团揉成面包形状。

8. 在烤盘上抹上黄油或人造黄油，把面团放上去。接下来，请家长帮助你，用刀在面团上切几道，然后，再放置 1 小时，面团又将发起到两倍大小。

9. 在家长的帮助下，把面团放入烤箱，用 175°C 温度烤制约50分钟。

10. 面包刚出炉时，立刻刷上融化的黄油或人造黄油。

干酪酥条

干酪酥条是烤制的干酪味面包条,这是对不太新鲜的面包的最好的利用方式,你可以趁热吃刚出炉的干酪酥条,或将它们保存在密闭容器中,留着以后吃。

你需要准备的原料
- 6片不太新鲜的面包
- 55克黄油或人造黄油
- 55克碎干酪
- 辣椒粉少许

步骤

1. 在家长的帮助下,将烤箱的温度设定为175℃。

2. 在家长的帮助下把面包皮切掉。然后,将面包切成1.3厘米宽的长条。

3. 用叉子搅拌黄油或人造黄油直至调匀,然后,加入干酪和辣椒粉搅拌均匀。

4. 把搅拌好的黄油抹在面包条的表面上。

5. 把面包条摆入烤盘,抹了黄油的一面向上。将烤盘放入烤箱烤至面包松脆。

冰激凌加工手册

下面的实例向你解释了一些操作说明。操作说明告诉你怎样制作某些东西或怎么做某些事情。下面这些操作说明来自一本冰激凌加工手册。

圣代冰激凌

← **标题**告诉你要做什么。

圣代冰激凌是一种在冰激凌表面加有各种配料的甜品,你可以根据自己的口味选择不同的配料。

← **引言**大致介绍要学的工艺或要做的工作。

你需要准备的原料
- 香草冰激凌
- 巧克力酱
- 坚果碎、巧克力碎、糖屑或糖稀

← 你要用到的物品**清单**。

步骤

1. 用冰激凌勺挖2勺香草冰激凌放到圣代杯中。

← **图片**会帮助你理解操作说明。

← **操作说明**会告诉你每一步该怎么做。

2. 把巧克力酱洒在冰激凌上。

3. 把坚果碎、巧克力碎、糖屑或糖稀撒在冰激凌上。

77

浆果冰激凌

冰激凌是大家都爱吃的一种甜品。下面要讲的浆果冰激凌很容易制作，而且不需要冰激凌加工机。你可以用树莓、草莓或各种浆果的混合物做原料。

你需要准备的原料
- 4杯浆果
- ½杯糖粉
- ½只柠檬的汁水
- 1¼杯(乳脂含量较高的)可打稠制作掼奶油的奶油
- 用作装饰的浆果

步骤

1. 这一步骤要找家长来帮忙。把浆果放入食品搅拌机，搅拌成泥状，加入糖粉和柠檬汁，再次搅拌。

2. 用滤网将搅拌好的浆果泥滤入一只碗中，将碗盖上，放入冰箱冷冻降温，但不要速冻。

3. 用搅打器（打蛋器）将奶油打稠成糊状，稀稠度以奶油仍能从勺中流下为宜。用一把金属勺把奶油糊拌入冰浆果泥。小心搅拌奶油和浆果泥，以防失去打入奶油中的空气。

4. 把混合物倒入一个塑料容器，盖上盖子，放入冰箱的冷冻室。2小时后取出，用叉子或食品搅拌机搅打混合物，打碎其中的冰晶。

5. 搅打后，将混合物放入冰箱的冷冻室。2小时后，取出搅打，然后，再放入冷冻室冰冻2小时。

6. 用勺子将冰激凌盛入盘子，加上装饰用的浆果，马上端上来吃你的冰激凌吧！

冰激凌蛋糕

冰激凌蛋糕不需要烤制。冰激凌蛋糕在吃的时候是冰的,所以,它是一款非常好的夏日甜点。冰激凌蛋糕有很多种,下面我们要讲的是以冰激凌和巧克力碎曲奇饼为原料的冰激凌蛋糕。

你需要准备的原料

- 1袋巧克力碎曲奇饼
- ¼杯(用黄油和面粉等调制而成的)黄油酱或人造黄油酱
- 1杯巧克力酱
- 2升冰激凌
- 1杯可打稠制作掼奶油的奶油
- 草莓、樱桃,或你选择的其他水果

步骤

1. 把一半巧克力碎曲奇饼弄碎。你可以用食品搅拌机打碎;或者将曲奇饼放入塑料袋里,然后,用擀面杖碾碎。

2. 在一只碗里,将巧克力碎曲奇饼的碎屑和黄油酱或人造黄油酱混合在一起。然后,将混合原料压实在23厘米大小的弹簧扣平底锅的底部。

3. 在混合物上面倒上 ¾ 的巧克力酱。然后,将剩余的巧克力碎曲奇饼沿锅边码放一排,把平底锅放入冰箱的冷冻室冰冻15分钟。

4. 把一半冰激凌放在室温20分钟将其软化。

5. 等平底锅中的混合物冰冷之后,从冰箱中取出,将软化的冰激凌摊在上面;再把平底锅放回冰箱的冷冻室,放置30分钟。

6. 用冰激凌勺将剩余的冰激凌舀成球状摆放在平锅里的冰激凌层上,把平锅放回冰箱的冷冻室使冰激凌上冻,这个过程至少需要4小时。

7. 在你想吃冰激凌蛋糕前半小时,把用来盛放蛋糕的盘子放入冰箱冰一下。这样,在你想吃冰激凌蛋糕时,就可以把它放在冰过的盘子上,然后,松开平底锅的弹簧扣,取下锅边。

8. 在冰激凌蛋糕上洒上剩余的巧克力酱,倒上奶油,并摆放水果作装饰。然后,你就可以端出你的冰激凌蛋糕来和大家分享了。

冰激凌卷

在特别的场合摆出冰激凌时，冰激凌卷能起到很好的装饰效果。选2种口味和色调都适合放在一起的冰激凌，香草冰激凌和巧克力冰激凌，或者香草冰激凌和草莓冰激凌都是不错的选择。

你需要准备的原料

· 2种口味的冰激凌各1升

步骤

1. 将冰激凌放在室温下20分钟化冻，使其松软易处置。

2. 取一个30厘米×23厘米大小的烤盘，在表面覆盖上一张塑料薄膜。

3. 用一把扁平的钝刀将一种口味的软化的冰激凌平抹在烤盘上，要抹成匀整的长方形。

4. 把烤盘放入冰箱的冷冻室，冷冻20分钟。

5. 再取一个烤盘，覆盖上一张塑料薄膜，将另一种口味的冰激凌平抹成相同大小的长方形，也放入冰箱冷冻20分钟。

6. 将2种冰激凌从冰箱取出，一种盖在另一种上，塑料薄膜向外，将上面的那层塑料薄膜取下。

7. 从长边卷起，将2层冰激凌卷成圆筒状，边卷边揭开塑料薄膜，用一张新的塑料薄膜包起卷好的冰激凌卷，放入冰箱冷冻4小时或一整夜。

8. 准备摆出冰激凌卷时，请家长帮你切片，切片用的刀要先在热水里泡一下。

应用关键概念

关键概念 1 人们采集、运输并加工原料，最后生产出成品。

活动 选择用另一种动物的乳汁制成的产品，在这种产品的生产过程中要经过消毒。对它的生产过程进行调查研究。然后将生产过程的每个步骤画成流程图。一定要记得画上原料的收集、消毒环节以及运输方式。

羊奶干酪　山羊

关键概念 2 各种商品的生产和销售要经过许多道工序。

活动 继续对这种商品的销售过程进行调查研究。用图片和说明文字将你的研究发现按顺序标示出来，将这种商品的销售过程和冰激凌的销售过程进行比较。

汽车

关键概念 3 生产哪些商品取决于供求关系。

活动 写一篇报告，说明有哪些因素会影响你所调查的商品的供求关系。注意考虑以下因素，如原料的价格、生产成本以及市场竞争状况。并描述厂商为吸引某些特定目标市场顾客而制定的调整产品的特别措施。

供给与需求

83

动手写操作手册

把书翻回到第59、65、71页，看范例中的工艺手册是怎样展开的，再看看旁边的标签，它们会告诉你操作说明的重要特性。你是否能从第59~82页的其他操作说明中找到这些共同特征。

1. 学习范文

你已经看过关于怎样加工冰激凌的操作说明，现在到你来想一想自己能用乳制品做原料加工的东西，写下你的操作说明，然后让你的朋友来实践。

2. 选择你的题目

现在，想一想你自己能用乳制品做原料加工的东西。你也许需要做些调查研究，你可以去图书馆查看工艺书或烹调书、生活类书刊，你也可以上网查找。

操作说明

- 标题要告诉读者他们要做的是什么。
- 要有读者需要准备的物品清单。
- 每一步操作说明要有序号，以方便读者理解。
- 用图片直观地解释操作说明。

酸 奶

预 备
牛奶
乳酸菌

步 骤
1. 加热牛奶。
2. 加入乳酸菌。
3.

3. 针对你的题目进行调查研究

想一想你要做的东西该怎样制作。记下你需要的材料，并简单记下你的步骤。

4. 试做一次

现在，准备好材料，按照你的步骤试做一次。有必要的话，对你的操作说明进行修改，使它更明白、实用。

5. 写下操作说明

试做完后，根据第59页上的范例，写下你的操作说明。写好后再检查一遍，看看有没有错别字。

实践操作说明

现在，你的操作说明可以拿出来和大家共享了，请参照以下步骤。

怎样把你的学写成果和大家共享

1. 和一位朋友交换操作说明

把你的操作说明给你的朋友，并把他（或她）的操作说明拿来实践。

2. 看你朋友的操作说明

想一想实践他（或她）的操作说明需要哪些材料。

3. 准备好你需要的材料

有些材料你可以在学校里找到，有些可以在家里找到。

4. 实践你朋友的操作说明

一步一步地按照操作说明做，看图片帮助你理解操作说明。

5. 把你对操作说明的意见反馈给朋友

操作说明是否便于实践？你的朋友是否还能将操作说明写得更明白易行？

6. 将全班同学的操作说明装订成册

将所有的操作说明编在一起，给它做一个封面。然后，用订书钉或棉线装订成册。

索 引

巴氏消毒法 46

伐木工人 20~21，24

纸浆 22~25，66~67

挤奶机 45，48

均质 46~47

劳动布 6，11，13，59，60~62

冷却装置 47

联合收割机 33，36

麦麸 34

面包房 35，38

牛仔裤 4~6，11~16，60，64

商品 4，7，13，15，19，25，27，37，49，51，53，55

文具店 26

纤维 8~10，12，19，39

轧棉机 9，12

国家地理 阅读与写作训练丛书	国家地理 英语阅读与写作训练丛书
全球传播	Communication Around the World
文化与庆典	Cultures and Celebrations
美国移民	Immigration to the United States
发明改变生活	Inventions Bring Change
商品供给	Providing Goods
跨越时间和文化的贸易	Trade Across Time and Cultures
利用地球资源	Using Earth's Resources
动物栖息地	Animals in Their Habitats
细胞在工作	Cells at Work
能量	Energy
极端的天气	Extreme Weather
生命周期	Life Cycles
地表形态的塑造	Shaping Earth's Surface
简单机械	Using Simple Machines

《国家地理阅读与写作训练丛书》(中文翻译版)（14种）
同时推出
英语注释版《国家地理英语阅读与写作训练丛书》（14种）
欢迎高中生及同等英语水平读者使用